Copyright ©2023 by Jennifer AFIFE

Editeur :

Jennifer AFIFE

Les teypes

26120 CHABEUIL

ISBN   978-2-494432-09-3

Dépôt légal Aout 2023

Imprimé à la demande par Amazon

Avertissement :

JENNIFER AFIFE

DÉMASQUONS LES PERVERS NARCISSIQUES PARMI NOUS

Introduction

Voici la définition du pervers narcissique selon le site « passeport santé » :

« Un pervers narcissique ou une personne atteinte d'un trouble de la personnalité narcissique est une personne qui a une image dévalorisante d'elle-même et qui se valorise en rabaissant les autres. Les hommes sont plus souvent touchés que les femmes par la perversion narcissique. »

Mais gardons en mémoire qu'un pervers narcissique peut être un homme ou femme sans réelle distinction, c'est ce que nous allons découvrir tout au long des chapitres de ce livre.

Cette personne se donne l'apparence d'un être supérieur aux autres et ressent un besoin exacerbé d'attirer l'attention sur elle.

Elle manipule les proches de son entourage et ne ressent aucune culpabilité lorsqu'elle blesse les autres.

Le pervers narcissique peut être un conjoint, un ami, un enfant, un collègue ou même un membre de sa famille, avec qui on entretient un lien étroit.

Il existe différents types de pervers narcissiques, chacun avec ses propres caractéristiques et comportements. Voici quelques-uns des types les plus courants :

Le **manipulateur charmeur** : Ce type de pervers narcissique est souvent charismatique et séducteur. Ils utilisent leur charme pour attirer les autres et les manipuler subtilement.

Le **manipulateur agressif** : Ce type de pervers narcissique est plus direct dans sa manipulation. Ils peuvent être agressifs verbalement, psychologiquement ou même physiquement pour obtenir ce qu'ils veulent.

Le **manipulateur victime** : Certains pervers narcissiques se présentent comme des victimes pour susciter la sympathie et obtenir le soutien des autres. Ils se plaignent souvent de leur sort et accusent les autres de leur malheur.

Chapitre 1

Qui est le Pervers Narcissique ?

Comprenons quelle est la nature difficile et complexe du pervers narcissique.

Pourquoi devient-on un pervers narcissique ?

Quels sont ses caractéristiques et ses comportements qui en font une personne **toxique** ?

Quels sont les traits de caractères généraux et les comportements typiques du pervers narcissique ?

Le pervers narcissique est avant tout un homme ou une femme quelconque lorsqu'il vient au monde.

Le pervers narcissique (PN) est une personne atteinte d'un trouble de la personnalité narcissique, faisant partie des personnes toxiques dont il faut se protéger.

Cette pathologie est inscrite dans les manuels de psychiatrie tels que le DSM-5 ou la CIM-11.

Il existe un trouble de la personnalité narcissique qui se manifeste par le besoin excessif d'être admiré et l'absence d'empathie.

Qu'il s'agisse d'un homme ou d'une femme les curseurs sont tellement poussés à l'extrême qu'ils sortent de la norme sociale, faisant basculer le trouble dans le champ psychiatrique.

Fréquemment, une personne devient un pervers narcissique parce qu'elle a grandi dans une famille dysfonctionnelle et a connu, déjà dans la petite enfance, des traumatismes, des violences et des abus.

Comme système de défense, cet enfant va se créer un monde autour de lui, une sorte de bulle qui lui permettra selon lui de se protéger des autres mais aussi de le dénuer de tout réel sentiment, empathie dans sa vie émotionnelle.

Ils réussissent à créer une image d'eux complètement différente de ce qu'ils sont.

Ils paraissent être des personnes hypersociales, charismatiques, que tout le monde aime.

On dit d'eux qu'ils sont bienveillants et humbles dans l'image qu'ils transmettent.

Je me dis en écrivant ces lignes que finalement, nous sommes tous un peu pervers narcissique.

Mais rassurez-vous, pas réellement car un peu de narcissisme n'a jamais fait d'une personne un PN (Pervers Narcissique).

Pour comprendre ce qui fait basculer ces actes dans la pathologie, vous allez devoir continuer votre lecture.

Généralement, le PN va s'en prendre à presque toujours les mêmes victimes, cela pourra être un conjoint, des membres de la famille, un ou des salariés ou collègues de travail, un ou des amis…

Il est à noter que régulièrement, les personnes victimes d'un pervers narcissique ont tendance à être en situation de dépendance affective ou peuvent être des personnes hypersensibles. (J'ai d'ailleurs écrit un livre pour les hypersensibles que vous retrouverez à la fin).

Comme nous les avons énumérées plus haut, il existe plusieurs sortes manipulation chez le pervers narcissique :

- **Le manipulateur charmeur, séducteur :**

Ce type de pervers narcissique est souvent charismatique et séducteur.

Ils utilisent leur charme pour attirer les autres et les manipuler subtilement.

Vous êtes vous demandé pourquoi vous êtes tombé amoureux de cette personne, manipulatrice, ignoble, exécrable, irrespectueuse avec vous ?

Je pense que oui, mais chaque fois, malgré tout, vous retombez dans ses griffes.

Peu importe ce que vous subissez et vivez au quotidien, vous restez prisonnier ou prisonnière de la toile qu'il a tissée autour de vous.

Mais comment est-ce qu'il agit pour que vous soyez sous emprise au point d'accepter tout de cette personne ?

Pour cela, il faut commencer par déconstruire cette image de « séduction ».

Le pervers narcissique séducteur passe des heures à parfaire son rôle. Il travaille son image, il veut laisser une très bonne impression dès la première rencontre.

Le PN aime soigner son apparence, il est souvent tiré à quatre épingles, mais pas toujours, un PN peut aussi être négligé mais ici nous abordons plutôt les généralités.

Il excelle dans le bla-bla, il en fait des tonnes face à son auditoire, il n'hésitera pas à complimenter à foison la future victime qu'il aura choisi.

Notre pervers narcissique est tellement obsédé par lui qu'il s'adule et voue une véritable foi en son « Moi », ce qui le rend pathologique.

Cette obstination à n'aimer que lui et lui avant tout, le rend hyper charismatique, ce qui veut dire qu'il est doué pour être influent.

Le pervers narcissique sera arrogant dans le quotidien de sa victime mais avant cela il s'efforcera de transformer cette arrogance en charme, montrer qu'il est marrant pour mettre les personnes en confiance, cela permettra par la suite de décrédibiliser les accusations que l'on portera sur lui.

Lorsque le pervers narcissique charmeur jette le dévolu sur vous, il ne laissera pas tomber avant d'avoir obtenu ce qu'il souhaite, c'est-à-dire vous.

Vous serez à vos yeux et à ceux de votre entourage, le centre de son monde.

La victime rentre à ce moment-là en phase d'idéalisation.

Le PN saura se montrer attirant et mettra en place plusieurs stratagèmes de séduction.

C'est à ce moment-là que la victime pour ne pas dire la proie comme l'imagine le PN, se laisse complètement aller et devient prisonnier ou prisonnière de celui qui va devenir un bourreau.

Après l'avoir séduit, il va l'enchaîner à lui en mettant les besoins et ses envies de sa proie en avant au départ.

Si la victime est une personne plutôt sensible, fragile, qui recherche la tendresse, il va lui donner tout ce qu'elle attend et créer autour d'elle une bulle, une sorte de « love bombing ».

Le love bombing, c'est le bombardement d'amour lorsque l'on traduit mot à mot.

Dans notre exemple, le PN va offrir tellement d'attention et d'amour en début de relation à la victime, qu'elle va s'imaginer que sa relation est unique et se suffit à elle-même.

La victime va alors inconsciemment mettre des freins à ses relations extérieurs avec son entourage et c'est ainsi qu'elle va se retrouver complètement sous la coupole du pervers narcissique.

Dès que le PN sent que les sentiments à son égard ont atteint un certain degré, il va exercer ce qu'il sait le mieux faire, la manipulation de son partenaire.

La victime se sent être comme une élue et se laisse complétement enivrer par ses sentiments.

De nouveaux comportements, à l'opposé de ceux que la victime connaissait jusqu'ici, paroles, gestes, actes, pression, insultes, parfois coups, diverses situations vont alors se répéter pour laisser place à la descente en enfer de la personne sous emprise.

Malgré le quotidien vécu, la personne s'imagine que cela s'arrangera, que demain sera un nouveau jour, qu'il y a de l'amour derrière tout cela, que peut-être cela est sa faute.

Il pense que l'amour triomphera.

Mais lorsque la relation est déjà à ce stade, le pervers narcissique est déjà en quête d'une nouvelle proie.

Il se remet en « mode séduction » pour les personnes étrangères à sa relation actuelle, cela lui permet de guetter la prochaine victime qui tombera dans ces filets, tout en exerçant son emprise et son arrogance sur le partenaire actuel.

En parallèle, le PN va s'atteler à redorer son image auprès de l'entourage pour isoler au maximum sa victime et garder le beau rôle.

Souvent il fera passer l'autre pour un dépressif, un jaloux, un hystérique, un provocateur ..., il lui attribuera des actes et des comportements dénigrants.

Le PN peut aussi se jouer de sa victime en utilisant la triangulation affective.

De cette façon il va dévaluer son partenaire en le mettant en concurrence permanente avec d'autres femme si le PN est un homme ou d'autres hommes si le PN est une femme.

La victime va développer à ce moment-là de la jalousie maladive.

La mise en concurrence avec des ex ou des futures conquêtes.

Etant sous emprise, la victime va rentrer dans une phase de paranoïa.

La situation instable apportée par le PN va la mettre dans une position compliquée où toutes les personnes qui gravitent de près ou de loin autour du PN peuvent être des rivales potentielles.

Nous sommes là, dans un réel principe de PERVERSION NARCISSIQUE, le but étant de détruire et d'être au-dessus de tous.

Le pervers narcissique est toxique, il utilisera souvent des phrases comme :

- Arrête, tu es fou ou folle
- Va voir un psy
- Arrête de te plaindre
- Tu répètes toujours que tu ne vas pas bien …

Bien entendu cette liste n'est pas exhaustive, il y en a des milliards, mais elles illustrent à peu près le style de réponse que le PN va lancer à la personne victime de ses comportements.

- **Le manipulateur agressif :**

Ce type de pervers narcissique est plus direct dans sa manipulation.

Ils peuvent être agressifs verbalement, psychologiquement ou même physiquement pour obtenir ce qu'ils veulent.

Ce type de personne peut devenir assez malaisant dans ces actes.

La difficulté pour les personnes face à ce type d'individu est de ne pouvoir anticiper ses comportements.

Ses réactions sont très ambivalentes, voir il se comporte comme une personne lunatique, étrange.

Il peut aller jusqu'à se contredire dans ses dires, lorsqu'il est face à quelqu'un qui lui tient tête et rapidement devenir agressif du moment qu'il ne donne pas raison à la personne adverse.

Le manipulateur pervers narcissique aime avoir le contrôle absolu de tout.

Il est guidé par le besoin d'avoir le pouvoir sur tout et tout le monde.

Ce PN a besoin de haïr pour exister, c'est sa façon d'exister.

Il n'est jamais satisfait et le fait ressentir.

Il est souvent jaloux des autres. Il n'aime pas voir le bonheur ou le plaisir autour de lui, cela le met hors de lui.

Ce pervers narcissique est bien entendu incapable d'aimer.

Il essaiera consciemment de détruire tout ce qui est beau et naturel autour de lui.

Il agira souvent avec cynisme, en dénigrant son interlocuteur.

Ce manipulateur agressif a souvent eu un passé compliqué.

Il n'a pas pu s'épanouir, il a lui-même été privé de cette liberté, peut-être d'ailleurs par un pervers narcissique.

Pour pouvoir exister au sein de la société, il doit jongler entre l'image qu'il doit donner, qui est à mille lieues de celui qu'il est réellement.

Il doit jongler avec cette ambivalence, mais il a la capacité de s'adapter.

Faire barrage à la liberté de l'autre lui permet d'avoir de l'emprise sur lui et de le manipuler à souhait.

Pour cela, il va utiliser l'agressivité, seul moyen de protection qu'il connait.

Pour s'affirmer, le pervers narcissique manipulateur doit triompher sur la faiblesse et l'obéissance de l'autre.

Ce type de PN peut attendre quelque fois durant des années pour se venger de sa victime, il est complètement incompréhensible.

- **Le manipulateur victime :**

Certains pervers narcissiques se présentent comme des victimes pour susciter la sympathie et obtenir le soutien des autres.

Ils se plaignent souvent de leur sort et accusent les autres de leur malheur.

Lorsque l'on est face à ce type de personne, on en arrive à se demander mais « qui est la victime ».

Lorsque l'on écoute cette personne, on se demande mais qui subit réellement ? « Mais pauvre victime qui est en souffrance à cause des autres » se dit-on alors.

Détrompez-vous, son pouvoir de persuasion est extrêmement fort.

Notre pervers narcissique use l'art de la manipulation à merveille à tel point que même vu de l'extérieur on ne peut deviner que cette personne est en train de nous manipuler.

La victimisation est le moyen que choisi ce type de pervers narcissique pour arriver à ses fins.

De cette façon, il va imposer sa vision des choses, mais pas seulement, il va faire en sorte que sa ou ses victimes ne sache(nt) plus discerner le vrai du faux.

LE PN victimisé manie le mensonge et l'agrémente selon ses besoins.

Il est maître dans la faculté de mettre sa victime dans une position compliquée, enfermée dans un sentiment de culpabilité.

L'emprise est telle que la cible est persuadée que tout ce que dit le PN est vrai.

La victime se sent coupable et est accusée à tort de tous les mots et maux.

Le PN rentre dans une phase de diabolisation de sa proie.

Sa victime est persuadée que tout ce qu'elle fait vis-à-vis du PN, elle le fait mal.

Le PN va faire en sorte de se faire plaindre, tout le temps, sans arrêt.

Il va aussi se jouer de tous, tout son auditoire est au petit soin pour lui, il va en profiter pour diviser pour mieux régner.

Se plaindre des comportements à son égard d'une personne aux autres, lui permet de détourner l'attention de son propre comportement et ainsi d'accuser que ce sont les autres qui la traitent mal.

Ce pervers narcissique victimisé, veut être au centre de toutes les attentions, il ne veut pas que quelqu'un d'autre décide de quoi que ce soit, il doit être le seul commandant décideur et tout le monde doit s'exécuter.

Si des membres de ses troupes essaient de prendre ses distances ou de s'interposer à ses volontés, c'est une catastrophe et le PN va utiliser ce qu'il sait mieux faire pour recentrer l'attention à son seul niveau, tel un gourou.

Chantage affectif, mensonges, comportement sournois, conflits, le PN fera tout pour obtenir ce qu'il veut et tant que ses victimes restent sous sa coupe, il réussira.

Il ment tout le temps et ne supporte pas d'être contredit.

Ce sentiment est indescriptible pour lui tellement cela lui procure un plaisir immense.

LE PN utilise à merveille diverses méthodes pour arriver à ses fins.

On peut retrouver la triangulation chez le manipulateur victime.

Selon Wikipédia :

« La triangulation est une tactique de manipulation dans laquelle une personne ne communique pas directement avec une autre personne, mais utilise une troisième personne pour relayer la communication à la deuxième, formant ainsi un triangle. »

La triangulation se produit lorsque le narcissique tente de contrôler les échanges autour de lui.

Il doit être au centre de la communication entre les autres et s'assurer que tout passe par lui et lui soit rapporté par les différentes parties.

Il a ainsi le sentiment de toute puissance.

Il s'assure que les autres communiquent par son intermédiaire.

Il vise à susciter la rivalité entre deux personnes dans l'objectif de diviser pour régner ou monter une personne contre une autre.

Il excelle aussi dans l'art du détournement cognitif appelé dans le jargon « gaslighting ». Il va utiliser une information, la déformer ou la présenter sous un autre jour, oublier des choses sélectivement pour en tirer avantage.

Ainsi sa victime va se mettre à douter de sa propre mémoire, de sa perception des choses mais aussi, de sa propre santé mentale.

Ce PN peut être un partenaire, un parent, un frère, une sœur, un membre de la famille, un ami.

Ce type de manipulateur fait souvent parti de l'entourage proche.

- **Le manipulateur compétitif :**

Ce type de pervers narcissique est constamment en compétition avec les autres et cherche à les rabaisser pour se sentir supérieur. Ils ont un fort besoin de dominer et de contrôler.

La toute puissance c'est la seule chose qui le motive, dans son cas ce sera de la toute-puissance narcissique.

Il s'imagine au quotidien que tout le monde l'envie, que tout le monde est jaloux de lui.

Il pense être le meilleur et s'extasie d'avoir des admirateurs.

Il a un grand esprit de compétition mais il l'utilise avec arrogance.

Son côté hyper jaloux des autres le rend vaniteux.

Comme tous les pervers narcissique, le manipulateur compétitif n'échappe pas à la règle, il n'est pas empathique.

Il utilisera la manipulation qu'il manie à merveille, notamment le mensonge.

Le but est de pouvoir paraître et manipuler les autres dans une toute puissance narcissique, pour asservir ses buts.

Une symptomatologie caractéristique de la perversion.

- **Le manipulateur silencieux :**

Certains pervers narcissiques utilisent le silence et le retrait émotionnel pour manipuler les autres.

Ils créent un climat d'insécurité et de confusion chez leurs victimes.

Le silence pour eux est un stratagème.

Il est utilisé comme une arme absolue.

Ce type de manipulateur utilisera le ghosting (de l'anglais « ghost », soit « fantôme ») est une manière de rompre le contact sans aucune explication.

Cette façon de procéder est fréquemment utilisée par les pervers et surtout par le manipulateur silencieux. Il n'aura que peu d'efforts à faire si ce n'est, s'éloigner et garder le silence pour un résultat à la hauteur de ses attentes.

Sa victime est mise dans un état de détresse affective et plonge dans le chaos psychologique.

Plus sa victime recherche le contact avec le pervers narcissique manipulateur silencieux, plus le sadique est heureux plus il exalte de sa toute-puissance.

Il existe différents degrés du silence, tout dépend de ce que recherche le manipulateur.

La personne à qui vous essayez de parler peut vous ignorer. Elle peut faire semblant de ne pas vous entendre ou simplement ne pas se soucier de ce que vous dites, même si vous parlez fort et clairement.

Ou tout simplement ne pas vous répondre du tout.

Il utilise cette méthode comme une punition de sa victime.

Comme par exemple, si vous n'allez pas dans son sens et que vous êtes en désaccord avec lui. Il préfèrera se taire tout en vous montrant son mécontentement.

Le silence fait souvent plus mal que les mots.

Votre partenaire, ami, parent ou proche se ferme soudainement à toute forme de communication avec vous, ne vous laissant aucun moyen de résoudre le conflit ou de vous défendre.

C'est un cas classique de narcissique contre les personnes qui lui sont dépendantes.

Chapitre 2

L'impact sur la famille

Il était une fois la belle histoire de ……

Il se marièrent et eurent beaucoup d'enfants ……

Stop stop revenons à la réalité, c'est le conte de fée que tout protagoniste d'un couple aimerait que l'on raconte de son histoire.

Mais l'histoire des victimes de pervers narcissiques est toute autre.

Comment le pervers narcissique affecte le conjoint.

Au départ, comme nous l'avons précédemment expliqué avec le manipulateur charmeur, il va utiliser tous ses atouts.

Séduire, mettre la future victime sur un piédestal, quelques fois la couvrir de cadeaux, tout cela pour qu'elle se laisse aller à ses sentiments sans retenue.

A ce moment-là, le pervers narcissique est considéré comme le prince charmant.

Il va démontrer au fur-et-à-mesure à sa princesse qu'il doit la délivrer des griffes de toutes les personnes qui lui veulent du mal autour d'elle.

Il est son sauveur, son preux chevalier.

Si l'on revient à notre époque, il l'invitera, l'emmènera en vacances, il pourra aller jusqu'à lui offrir un téléphone et pourquoi pas y installer un tracker juste pour sa sécurité, c'est la version qu'il lui donnera.

La situation se dégrade très rapidement, le conte, de fait, se transforme en cauchemar.

Dépendante et amoureuse, la victime pense que tout est sa faute.

Elle se déconnecte totalement de la réalité, et se retrouve très rapidement en dérive, écorchée à vif.

La soumission au manipulateur s'installe, le partenaire à terre va peu à peu se retirer de sa vie sociale. Il va laisser libre place au PN qui va exercer sa toute-puissance en le dénigrant, rabaissant et le faisant culpabiliser et c'est à ce moment-là, qu'il se met au travail pour que le regard des autres soit bienveillant à son égard en détournant l'entourage de sa victime et en la faisant passer pour ce qu'elle n'est pas.

Les conséquences sur les enfants et les adolescents.

Le pervers narcissique peut être un parent.

Mais dans ce cas, comment agit-il ?

Il va agiter sa descendance comme un faire-valoir.

Devant ses spectateurs, il joue au parent modèle, irréprochable, qui a réussi son éducation.

Le parent pervers narcissique essaie de faire de ses enfants des versions miniatures de lui – même, il essaie de les modeler comme lui le souhaite.

Les enfants sont le point final de sa relation avec le partenaire soumis.

Passerelle entre les deux, les enfants deviennent un lien indéfectible qui existe entre eux.

Le PN va pouvoir les utiliser pour faire du chantage affectif à son partenaire qui par amour pour son partenaire et ses enfants, va se laisser diaboliser par le pervers narcissique.

L'enfant, adolescent ou descendant va alors être pris au piège de ce que l'on appelle dans le jargon judiciaire « l'aliénation parentale ».

Pris au piège des folles manipulations du parent, il va se laisser embarquer sur le terrible chemin de la perversion narcissique.

Le parent narcissique aime créer un esprit confusionnel entre les frères et sœurs, il aime les mettre en constante opposition, ainsi il assoie sa soif de pouvoir manipulatoire.

Il met l'enfant en port à faux en lui imposant un conflit de loyauté : il doit choisir entre l'un ou l'autre.

Victime de ce parent toxique, l'enfant qui est en pleine évolution va se développer avec des blessures psychiques et grandir sous le modèle du pervers narcissique qui sera le seul modèle qu'il aura.

Quelles conséquences sur les enfants ?

L'enfant est privé de sa propre identité, de sa propre façon de penser, il est façonné à la manière dont le PN souhaite qu'il soit.

Semer le trouble dans son esprit, le rendre dépendant de ce parent qui doit être son seul modèle.

En grandissant, si rien n'est mis en place au niveau thérapeutique, cette enfant risque lui-même d'être face à une faille narcissique.

C'est ainsi que se perpétue la transmission du narcissisme de génération en génération.

Certes à des degrés différents mais une pointe de narcissisme refera surface si rien n'est entrepris, car c'est le seul schéma de construction que l'enfant a connu.

Les dynamiques familiales toxiques.

Une personne toxique se traduit par un comportement à tendance « dramatique », il ne sait pas vivre sans drame ou « drama » comme on le dit de nos jours.

Ces personnes aiment vivre leurs émotions de façon excessive, se donner en spectacle.

Ils sont manipulateurs et blessants.

Dans les dynamiques familiales toxiques, les interactions sont malsaines les uns avec les autres, les conflits sont gérés de façon agressive et dans le sens que souhaite lui donner le manipulateur.

Chapitre 3

Les relations de travail

Les interactions avec un pervers narcissique au travail.

Qui parle de pervers narcissique au travail, parle forcément de harcèlement moral sur son lieu de travail.

Ce mot était par le passé quelque chose de tabou mais depuis une dizaine d'années, la parole des victimes s'est libérée et la protection des services de santé au travail a permis de mettre à jour des comportements jugés inacceptables et inadmissibles.

Tous les harceleurs moraux ne sont pas des pervers narcissiques mais tous les pervers narcissiques usent de l'art du harcèlement moral sur leurs victimes.

Mais comment agit un PN sur son lieu de travail ?

Il se présente avec une haute estime de lui-même et pense qu'il est exceptionnel, même s'il n'a pas nécessairement les compétences ou les réalisations pour le justifier.

Généralement il est arrogant, méprisant et traite ses collègues avec condescendance.

Dans la recherche de la reconnaissance par l'admiration de ses pairs et de sa hiérarchie.

Il est constamment dans l'attente de recevoir des éloges peu importe l'importance du travail fourni.

Il ne comprend pas les émotions des autres, il n'a pas du tout d'empathie.

Il a tendance à manipuler les autres pour arriver à ses fins.

Très tactique, il aime contrôler la situation et la tirer à son avantage.

Peu importe la méthode, il souhaite arriver à ses fins, cela peut se faire en dénigrant ses collègues, en faisant courir des rumeurs, en récupérant un projet en son nom, il est prêt à harceler pour réussir.

Ses collègues de travail sont des pions qu'il utilise pour atteindre ses propres objectifs sans se soucier d'eux, ni de leurs bien-être.

Il peut se montrer agressif et virulent.

Le pervers narcissique au travail à souvent des relations perturbées entre flatteries et dénigrements des autres. C'est une personne très ambivalente.

Cela crée un climat de confusion et de stress parmi les collègues.

Il est prêt à tout pour se mettre en avant, y compris saboter le travail accompli par ses collègues, mentir ou jouer en coulisses pour obtenir des avantages.

Si un problème survient, il est peu enclin à prendre la responsabilité de ses actions. Au contraire, il cherchera à rejeter la faute sur les autres.

Le pervers narcissique au travail a tendance à mettre ses propres besoins et désirs au-dessus de tout, ce qui peut entraîner des décisions impulsives et égoïstes qui nuisent à l'entreprise et à ses collègues.

Il est important de noter que toutes les personnes ayant des traits narcissiques ne sont pas nécessairement des pervers narcissiques, et que le degré de comportement toxique peut varier.

Cependant, travailler avec un pervers narcissique peut être difficile et stressant, et il est important de reconnaître ces comportements pour pouvoir les gérer de manière appropriée. Si vous êtes confronté à un tel individu au travail, il peut être utile de chercher un soutien auprès de votre hiérarchie, des ressources humaines ou d'un professionnel de la santé mentale.

Chapitre 4

Dévoiler les masques et se protéger

Les signes révélateurs d'un pervers narcissique.

Selon le DSM (manuel à destination des professionnels de psychiatrie comme l'est le VIDAL pour les médecins)…

Le pervers narcissique doit avoir :

- Un schéma persistant de grandiosité, de besoin d'admiration et de manque d'empathie

Ce modèle correspond à la présence de ≥ 5 des éléments suivants :

- Un sens exagéré et infondé de leur importance et de leurs talents (mégalomanie)

- Une obsession de fantasmes de succès, d'influence, de pouvoir, d'intelligence, de beauté, ou d'amour parfait illimitée

- La conviction qu'ils sont spéciaux et uniques et qu'ils ne doivent s'associer qu'avec des personnes hors-normes

- Un besoin d'être admirés de façon inconditionnelle

- La conviction de disposer d'un droit

- L'exploitation des autres pour atteindre leurs propres objectifs

- Un manque d'empathie

- La convoitise suscitée par les autres et le sentiment que les autres les envient

- L'arrogance et la fierté

- En outre, les symptômes doivent avoir débuté au début de l'âge adulte

Source Diagnostic and Statistical Manual of Mental Disorders, *Fifth Edition* [DSM-5]

Comment s'affirmer et établir des limites ?

Vous vous êtes rendu compte que vous aviez à faire à un pervers narcissique, les mots sont maintenant posés.

Mais que faire ?

La première des choses est de vous dire que maintenant que vous êtes conscient, vous allez pouvoir tout mettre en œuvre pour sortir des griffes de ce manipulateur.

1. Prise de conscience

Il faut que vous soyez conscient de la situation pour pouvoir sortir de son emprise.

2. Lui faire penser que vous n'êtes plus atteint

Lorsqu'il vous lance des brimades, qu'il vous dénigre, qu'il vous rabaisse, qu'il vous interdit de côtoyer des membres de votre entourage….

Laissez-le imaginer qu'il a toujours cet impact sur vous et que vous vous exécutez, il se sentira supérieur, mais vous seule savez que ce n'est qu'une illusion, mais derrière tout cela vous commencez à œuvrer pour votre avenir, pour vous libérer de cette cage dans laquelle vous êtes enfermé.

3. Gardez bien en tête les faits

Notez-les si besoins, vous n'avez pas à vous justifier, ni à lui, ni aux personnes desquelles il vous a détourné.

Mais peut être que certaines personnes auront besoin de comprendre ?

4. Faîtes vous aider

Recherchez d'abord l'aide d'un professionnel, car il sera impartial et n'aura pas de préjugé.

Son expérience lui permettra aussi de vous accompagner sur le chemin de la reconstruction, car on ne sort jamais vraiment indemne d'une telle emprise et de la manipulation d'un pervers narcissique.

Que ce soit dans votre couple, au sein de votre famille, au travail, les blessures de ces souffrances nécessiteront du temps pour cicatriser.

5. Ne négligez pas l'aspect juridique

Dans un couple, quitter un PN ne se fait pas comme cela du jour au lendemain.

Préparez votre futur logement.

Contactez un avocat pour avoir tous les conseils juridiques nécessaires, voire pour mettre en place une mesure d'éloignement.

Si vous avez des enfants, il faudra aussi les protéger juridiquement.

Vous ne pouvez pas partir comme cela avec vos enfants de façon illégale.

Mettez la loi de votre côté.

6. Affirmez-vous

Avec l'aide du professionnel de santé mentale, apprenez à vous affirmer.

Vous pouvez aussi avoir recours à un thérapeute.

Ce travail pour permettra de vous désolidariser complètement de votre manipulateur.

Dire « non ! », c'est comme lui mettre un coup de masse : il se sentira complètement diminué.

Certes la première fois, il va tenter de vous déstabiliser en vous dénigrant de plus belle, mais la persuasion et la répétition de votre affirmation, vont le mettre à mal et il va se sentir impuissant pour la première fois face à vous.

7. Tournez le dos au pervers narcissique

Vous avez réussi à vous affirmer.

Vous avez réglé la partie administrative en prenant conseil auprès d'une personne de lois si nécessaire, ou des autorités compétentes comme le médecin du travail dans le cas du travail,

Partez, il est temps pour vous de tourner le dos à celui qui vous a détruit durant tant d'années.

Compliqué dans le cas où celui qui vous a fait tant de mal est un membre de votre famille par exemple un parent, un frère, une sœur, mais prenez vos distances et ne revenez que le jour où vous serez reconstruit et armé à l'affronter.

8. Vivez

Il est temps pour vous de vivre.

Simplement vivre, respirer, rire sans avoir la crainte que le pervers narcissique aille briser ce moment de bonheur.

Vous êtes détendu de la minute où vous vous levez à celle où vous vous couchez.

Plus de stress, plus de tension.

9. Continuez à vous préserver

Continuez à vous préserver et à vous armer avec ce que vous enseignera votre thérapeute. On ne sort pas indemne d'une telle relation, qu'elle soit amoureuse, amicale, familiale, ou même professionnelle.

10. Ne vous faîtes plus avoir par un pervers narcissique.

Si le pervers narcissique est venu vers vous c'est certainement par vos traits de caractères, souvent trop gentil, trop sensible…

Ne laissez pas paraitre votre sensibilité dès le départ, ne vous laissez pas amadouer par le manipulateur charmeur qui ne va cesser de vous mettre sur un piédestal.

Montrez-vous fort, et ne vous laissez plus piéger.

Si toutefois cela devait réarriver, écoutez les personnes autour de vous qui vous mettront en garde et ne perdez pas de temps pour fuir.

Chapitre 5

La guérison

et

la

reconstruction

Les étapes de la guérison, puis de la reconstruction après une relation avec un pervers narcissique.

- Déconstruire les croyances limitantes concernant la rupture avec un pervers narcissique.

Avant de mettre un terme à votre relation avec un pervers narcissique, vous vous êtes posé beaucoup de questions, mis beaucoup de barrières car ce manipulateur vous a tellement fait croire qu'il était indispensable à votre vie que vous ne pensez pas pouvoir vivre par vous-même.

➢ Mais cela est faux !

Vous êtes une personne à part entière.

Vous allez devoir maintenant exister par vous-même et personne n'aura plus d'emprise sur vous.

Vous allez passer par un processus complexe, mais vous y arriverez.

- La temporalité

Il n'y a pas de durée type pour être complètement guéri.

Chaque personne aura des besoins différents de ceux des autres.

Il ne faut donc pas se focaliser sur une durée précise dans le processus de reconstruction.

Cela pourrait prendre quelques semaines ou bien quelques mois.

- La souffrance

Rappelons que la souffrance est la douleur qui affecte le bien-être mental et émotionnel d'une personne. Contrairement à la souffrance physique, qui est souvent visible, la souffrance psychique est intérieure et subjective, ce qui signifie qu'elle n'est pas toujours facilement perceptible par les autres.

Votre douleur est inquantifiable, elle représente ce que vous avez subi et ce que vous ressentez.

Personne n'a le droit de dire que ce n'est pas grave, votre douleur est bien réelle, elle a bien existé et doit être digérée.

Vous avez besoin de poser les mots pour éviter que cela ne devienne des maux.

La perte d'un être cher même si c'est par éloignement ou par rupture, s'apparente à la souffrance d'un deuil.

Certains penseront que j'exagère, mais il faut le vivre pour connaitre l'ampleur de ce que les victimes ressentent.

- Couper les liens :

Si cela est possible et sécuritaire, coupez tout contact avec le pervers narcissique. Cela peut être difficile, mais c'est souvent nécessaire pour mettre fin à la manipulation continue.

- Chercher un soutien professionnel :

Consulter un thérapeute ou un conseiller spécialisé dans les traumatismes et les abus peut être extrêmement bénéfique. Ils peuvent vous aider à comprendre les dynamiques de la relation, à travailler sur l'estime de soi et à développer des stratégies pour faire face aux traumatismes.

- Prendre soin de votre santé mentale et physique :

Assurez-vous de prendre soin de votre bien-être général. Cela peut inclure l'exercice régulier, une alimentation équilibrée, la méditation, le yoga ou d'autres pratiques de gestion du stress.

- Établir des limites saines :

Apprenez à établir des limites claires avec les personnes toxiques et à dire "non" lorsque c'est nécessaire. Cela renforcera votre estime de soi et vous protégera des futurs abus.

- **Éduquer sur le narcissisme:**

Apprenez davantage sur la personnalité narcissique et les signaux d'alarme.

Cela peut vous aider à éviter de retomber dans des relations similaires à l'avenir.

- **Se reconstruire :**

Travaillez sur votre estime de soi et votre confiance en vous.

Identifiez vos passions et vos objectifs personnels, et engagez-vous dans des activités qui vous épanouissent.

- **Trouver un soutien social :**

Entourez-vous de personnes bienveillantes et de soutien. Partagez votre expérience avec des amis, de la famille ou un groupe de soutien si vous le souhaitez.

- Pratiquer l'autocompassion :

Soyez gentil avec vous-même pendant ce processus.

La guérison peut prendre du temps, et il est important de ne pas vous juger pour ce que vous avez vécu.

- Se donner du temps :

La reconstruction après une relation avec un pervers narcissique n'est pas un processus rapide.

Soyez patient avec vous-même et respectez votre propre rythme.

Chapitre 6

Je suis un pervers narcissique, que faire ?

Au fil des pages, vous avez l'impression que vous vous êtes reconnus.

Comme je l'ai dit au début du livre, nous avons tous plus ou moins un peu de narcissisme en nous, mais là où le bât blesse, c'est lorsque cette pointe de narcissisme bascule dans la pathologie.

Je ne répèterai pas ce que j'ai dit dans les premières pages, mais si votre entourage ou vous-même remarquez que vous faîtes souffrir des personnes autour de vous par votre comportement, acceptez ce signal d'alarme qu'il vous lance.

Il est donc à ce moment-là nécessaire de consulter un psychiatre ou un psychologue.

Le travail va être long mais il va falloir aller chercher le moment où vous avez basculé dans la pathologie.

Peut-être que cela vous a été transmis par une construction complexe qui aurait débuté lors de votre enfance, ou à un moment précis.

Un thérapeute pourra vous accompagner dans cette recherche.

Eloignez-vous des personnes que vous avez tourmentées.

Acceptez que ces personnes ne puissent vous pardonner.

Peut-être réussiront-elles un jour, mais à ce moment-là vous ferez partie de leur passé.

Vous avez certainement détruit des personnes de votre entourage, vous devrez vivre avec ce poids jusqu'à la fin de vos jours.

Ces mots ne résonnent peut-être pas dans votre tête, pourtant vous devez admettre que vous avez pu être un bourreau.

L'empathie est souvent l'un des aspects les plus difficiles pour les personnes ayant des traits narcissiques.

Apprenez à écouter activement les autres, à essayer de comprendre leurs émotions et leurs besoins, et à vous mettre à leur place.

Prenez du temps pour réfléchir à vos propres comportements et à leurs conséquences sur les autres. Soyez ouvert à l'auto-critique constructive et à la remise en question.

Travaillez sur l'établissement de relations saines et équilibrées avec les autres. Apprenez à respecter les besoins et les limites des autres, et à équilibrer votre propre besoin de reconnaissance avec le respect des droits des autres.

Pratiquez la modestie et la reconnaissance des compétences et des talents des autres.

Prenez conscience de vos propres limites et de vos vulnérabilités.

Paradoxalement, les narcissiques ont souvent une estime de soi fragile sous une façade de grandiosité. Travaillez sur le renforcement de votre estime de soi de manière saine et réaliste.

Le changement de traits narcissiques peut être un processus long et difficile. Soyez patient avec vous-même et ne vous attendez pas à des résultats instantanés.

Mot de la Fin :

De l'Éveil

à

la Lumière

À travers les pages de ce livre, vous avez exploré les sombres recoins de la personnalité narcissique et découvert les nombreuses facettes du pervers narcissique.

Vous avez peut-être été confronté à des souvenirs douloureux, à des expériences difficiles, mais vous avez aussi acquis une compréhension profonde de ce qui se cache derrière le masque du narcissisme toxique.

Votre lecture a été le premier pas vers l'éveil.

L'éveil à la réalité de ces relations destructrices, à la nécessité de se protéger, de se reconstruire, et de se réapproprier sa vie.

Rappelez-vous, vous n'êtes pas seul(e) dans ce voyage.

Des milliers d'autres personnes ont marché sur ce chemin difficile et ont trouvé la lumière à la fin du tunnel. La résilience humaine est une force extraordinaire, capable de surmonter les épreuves les plus sombres.

Alors que vous tournez la dernière page de ce livre, souvenez-vous de ceci :

La guérison est possible, la transformation est à portée de main, et vous êtes le héros ou l'héroïne de votre propre histoire.

Continuez à vous épanouir, à rechercher des relations saines, à vous aimer vous-même et à offrir votre amour et votre soutien à ceux qui en ont besoin.

Puissiez-vous trouver la paix, la clarté et la résilience dans votre voyage vers une vie meilleure.

Merci de m'avoir permis de vous accompagner dans cette exploration. Votre avenir est lumineux, et je vous souhaite tout le courage et la force nécessaires pour marcher vers la lumière. Vous le méritez.

De la même auteure

Au seuil de ces pages, se trouve une invitation à explorer les profondeurs de ton potentiel. Ce livre, bien plus qu'un simple recueil de conseils, est une boussole pour ta quête de développement personnel.

Plonge dans les chapitres qui dévoilent des stratégies pour établir des objectifs concrets et réalisables, créer des habitudes positives, cultiver une mentalité de succès et gérer ton temps avec efficacité.
Ce livre va au-delà des méthodes pratiques. Il t'invite à une réflexion profonde sur toi-même, à un voyage intérieur qui te permettra de te découvrir et de libérer ton véritable potentiel.
Il te montre comment transformer les défis en opportunités et les rêves en réalités.

Copyright © By Jennifer AFIFE
Prix de vente TTC France conseillé 9,99€

Sensibilité à Vif
Le Voyage Intérieur des Âmes Hypersensibles

Jennifer AFIFE

Plongez dans l'univers de l'hypersensibilité, une caractéristique unique qui colore notre expérience émotionnelle et nos interactions avec le monde.

Explorez les avantages et les défis de cette sensibilité intense, et découvrez comment en faire une force dans votre vie.

Utiliser cette sensibilité comme un atout, source de créativité, d'empathie et de connexion authentique avec vous-même et les autres.
Un voyage captivant au cœur de cette sensibilité éclairante vous attend dans ce livre qui vous donnera les clefs pour l'apprivoiser.

Sensibilité à Vif
Le Voyage Intérieur des Âmes Hypersensibles

Copyright © by Jennifer AFIFE
Prix de vente TTC conseillé France 12,99€

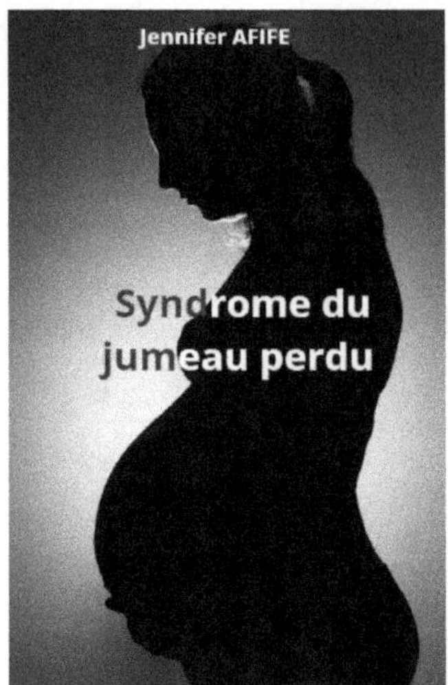

Ce livre profondément personnel et informatif explore le syndrome du jumeau perdu, une expérience souvent méconnue et complexe.

En plongeant dans les profondeurs émotionnelles de cette réalité, cet ouvrage offre une compréhension approfondie et des pistes de guérison pour les personnes touchées par ce syndrome.Il explore les effets psychologiques et émotionnels sur le jumeau survivant, tels que la culpabilité, la perte d'identité, les troubles du sommeil et les troubles alimentaires. Il aborde également les défis rencontrés par les familles et les façons dont le deuil du jumeau perdu peut influencer leurs vies.

Copyrigth © By Jennifer AFIFE
Prix TTC France 9,99€

Plongez dans le monde fascinant de la cohérence cardiaque et découvrez comment cette pratique simple mais puissante peut transformer votre vie. Préparez-vous à embarquer pour un voyage vers une meilleure santé et un épanouissement personnel grâce à la cohérence cardiaque.

Découvrez mon livre sur la cohérence cardiaque, une méthode puissante pour améliorer votre bien-être physique et mental. Vous plongerez dans les principes fondamentaux de cette pratique et apprendrez comment utiliser la respiration et la régulation du rythme cardiaque pour atteindre un état de calme, de détente et de concentration.

À travers des explications claires et des exercices pratiques, vous découvrirez comment la cohérence cardiaque peut réduire le stress, améliorer la gestion des émotions, renforcer votre système immunitaire et favoriser un équilibre global. Vous apprendrez également comment cette technique peut être intégrée à votre vie quotidienne pour obtenir des résultats durables.

Copyright © By Jennifer AFIFE
Prix de vente TTC France conseillé 9,99€

Mieux connaître la maladie de son enfant

Jennifer AFIFE

Comment la naturopathie peut accompagner vos enfants avec des pathologies tels que le diabète, la drépanocytose, la bipolarité et bien d'autres comme le syndrome d'asperger ou la fibromyalgie....

Maladies auto-immunes ou de civilisations, selon comment l'enfant construit son début de vie cela influe sur sa santé de demain en tant qu'adulte.

Copyright © by Jennifer AFIFE

9,99 €

ISBN 9782957620319

JENNIFER AFIFE

LA NATUROPATHIE POUR NOS PETITS BOUT'CHOUX

Au travers de ces pages vous trouverez des conseils pour faire grandir vos enfants avec les bases de la naturopathie et les soigner de façon naturelle lorsque cela est possible...

Qu'est ce que la naturopathie ?

Selon l'OMS « La naturopathie est un ensemble de méthode de soins visant à renforcer les défenses de l'organisme par des moyens considérés comme naturels et biologiques ».

Installez-vous confortablement et laissez-vous emporter par sa lecture.

Copyright © by Jennifer AFIFE
Prix TTC France 9,99 €

ISBN 9782957620302

Dans un autre registre : A partir de 8 ans

www.ingramcontent.com/pod-product-compliance
Lightning Source LLC
LaVergne TN
LVHW050616200726
843508LV00010B/1883